NAVIGATING CO-PARENTING WITH A NARCISSIST

NAVIGATING CO-PARENTING WITH A NARCISSIST

HANLEY STANLEY

CONTENTS

Capitolo 1: Introduzione	1
Parte I: comprendere il narcisismo nella co-genito	3
Parte II: Stabilire dei confini con un co-genitore	6
Parte III: Coltivare la pace e la stabilità nella	9
Parte IV: Concentrarsi sull'educazione di bambini	13
Conclusione	16

Copyright © 2025 by Hanley Stanley
All rights reserved. No part of this book may be reproduced in any manner whatsoever without written permission except in the case of brief quotations embodied in critical articles and reviews.
First Printing, 2025

Capitolo 1: Introduzione

Gestire la co-genitorialità con un narcisista tossico è una delle esperienze più difficili che si possano affrontare come genitori e adulti. La natura estrema dei narcisisti, il loro bisogno di controllo e manipolazione, può trasformare anche i più semplici scambi genitoriali in un campo di battaglia. Poiché il narcisismo è radicato nell'amor proprio, non è né illegale né in genere una ragione primaria per cui un tribunale limita il tempo di un genitore con i propri figli. Di conseguenza, dopo il divorzio, dobbiamo imparare a costruire una nuova vita come co-genitori paralleli con un ex tossico. In questo libro, esplorerò argomenti chiave come mantenersi al sicuro, costruire confini, trovare la pace e crescere bambini sicuri nonostante gli sforzi del co-genitore di interrompere questi obiettivi.

Come autore, coach e oratore che ha supportato un'esperienza di co-genitorialità caotica, incontro spesso persone che affrontano le loro terribili situazioni di co-genitorialità. I problemi che affrontano sono diversi, spesso includono come condividere informazioni tra le case, proteggere i propri figli e ricostruire le proprie vite da genitori single. Molti cercano strumenti per gestire i propri ex partner narcisisti, puntando a mantenere la pace o stabilire confini più forti quando possibile. In definitiva, molti genitori vogliono sentirsi più sicuri della propria capacità di promuovere un ambiente sicuro per i propri figli.

Comprendere i tratti narcisistici nella co-genitorialità

Hai mai sognato che il tuo co-genitore guarisse dal suo disturbo di personalità? Immaginandolo diventare qualcuno più gentile, più curioso di te, più saggio e collaborativo nel prendersi cura del tuo bellissimo bambino? Per molti, questa era la speranza iniziale nel loro viaggio di co-genitorialità con un narcisista: che l'esilio del narcisista dalla buona volontà, dalla salute e dall'umanità potesse non essere permanente. Nei nostri momenti più bui, chi non ha desiderato che l'universo risparmiasse i figli di un narcisista, traboccanti di amore, in una miracolosa svolta cosmica? Questa speranza sostiene la buona volontà che hai verso il tuo co-genitore.

I tribunali della famiglia condividono con te due cose sulla co-genitorialità con un narcisista: primo, desiderano anche la futura buona volontà dei co-genitori. I giudici capiscono che una relazione di co-genitorialità di successo avvantaggia tutti, in particolare i bambini. Secondo, sia il tribunale che la tua buona volontà riconoscono che gli strumenti di seduzione del narcisista sono impeccabili. Possono manipolare i tuoi desideri con un'immagine di ciò che desideri, spesso disarmandoti troppo tardi.

Ma andiamo avanti. Esploriamo come scoprire una libertà che non dipenda dalla buona volontà dei nostri co-genitori. Invece, possiamo invitare la loro grazia, prenderne parte e testimoniare, mentre sono energizzati dal nostro invito alla passione, il loro amore che fluisce come genitori nella vita dei nostri figli. Questo è il modo in cui si comportano i genitori genuinamente buoni, capaci di buona volontà.

Parte I: comprendere il narcisismo nella co-genito

Quando parliamo di co-genitorialità, è normale discutere di cooperazione e collaborazione nella cura dei genitori. Tuttavia, è diventato sempre più comune discutere di co-genitorialità nel contesto di una relazione con qualcuno che ha un disturbo narcisistico di personalità (NPD) o forti tratti narcisistici. Potresti essere qualcuno che non ha mai riconosciuto i tratti attivi o passivi del disturbo narcisistico di personalità prima di co-genitorialità con uno.

È importante capire che se sei qui, probabilmente hai a che fare con qualcuno che ritieni abbia un disturbo della personalità. La natura fondamentale di tale disturbo è che chi ne soffre non è turbato dal modo in cui tratta gli altri e ha pochissimi incentivi a cambiare. Un tratto ben noto dei narcisisti è la loro difficoltà ad assumersi la responsabilità personale per i risultati negativi, anche quando sono in gran parte da biasimare. Spesso assumono ruoli di vittima o martire. Prima di sperare che la loro consapevolezza di un problema porti a un cambiamento, bisogna riconoscerlo in anticipo: è improbabile che il tuo co-genitore cambi, anche se riconosce di avere un NPD. Leggere tutta la letteratura pertinente non altererà il comportamento di un genitore con un disturbo della personalità. Non ridurrà il trauma della co-genitorialità con un narcisista o di avere a che fare con tribunali di famiglia inesperti. La strategia chiave è progettare un piano genitoriale che si basi su valori condivisi più normativi inclusi in un ordine del tribunale, piuttosto che sui dettagli di un piano genitoriale ad alto conflitto o di un libro di politiche

che limita la co-genitorialità. Questo approccio può aiutare a contenere il percorso caotico e inquietante dell'ex partner affetto da disturbo narcisistico di personalità.

Definizione del disturbo narcisistico di personalità

Un narcisista non è solo qualcuno arrogante o egocentrico, ma anche emotivamente inadatto. La ferita narcisistica si verifica quando qualcuno lo affronta con la verità e rifiuta la sua facciata, da cui il termine "ferita narcisistica". Il termine "narcisista" è usato per descrivere qualcuno con Disturbo Narcisistico di Personalità (NPD). Il NPD è un disturbo della personalità diagnosticabile a livello medico che colpisce il modo in cui una persona pensa e si sente riguardo a se stessa e agli altri. Mentre alcune persone possono mostrare sintomi di narcisismo, solo circa l'1% della popolazione soddisferà i criteri completi per la diagnosi.

Una persona con NPD può mostrare grandiosità, comportandosi come se fosse al di sopra di tutti gli altri e associandosi solo con persone che ritiene simili a sé. Il narcisismo può anche includere misoginia e discriminazione. L'intensità e le conseguenze del narcisismo di una persona saranno diverse da quelle di un'altra, ma coinvolge principalmente NPD. Anche quando si sottolineano questi pregiudizi, i narcisisti si impegnano in attività intrusive come la diffamazione. Sebbene la terapia cognitivo-comportamentale possa aiutare le persone con vari disturbi della personalità, gestire il narcisismo, in particolare NPD, è difficile. Tuttavia, sono disponibili dei trattamenti. Per identificare accuratamente le caratteristiche e le azioni di un narcisista e creare strategie per ridurre al minimo la probabilità di ulteriori danni derivanti dalla sua rabbia vulnerabile, è fondamentale affinare le capacità dei sopravvissuti.

Impatto del narcisismo sulle relazioni di co-genitorialità

Per capire come gestire la co-genitorialità con un narcisista è necessario analizzare i tratti specifici che la rendono diversa e il modo in cui influisce sui figli e sulla relazione di co-genitorialità.

1. **Visione del mondo rigida** : i narcisisti credono generalmente che la loro visione del mondo sia la strada giusta e unica. Si sentono autorizzati a imporre la loro visione al mondo e si aspettano che gli altri la seguano. Questo spesso porta a una mancanza di riconoscimento dei confini per il bambino, che è visto come un'estensione del genitore. Mentre questo può sembrare amorevole, poiché il genitore spesso vuole mostrare il proprio figlio, il bambino in realtà non è in grado di esprimere il proprio vero sé.
2. **Inflazione dell'ego** : gli individui con NPD spesso hanno bisogno che il loro ego venga gonfiato, di solito tramite altri che alimentano il loro desiderio di adorazione. Per "conquistare" il bambino, un genitore narcisista può usare manipolazione e alienazione, apparendo come il genitore supremo mentre sminuisce l'altro genitore. Man mano che il bambino cresce, il genitore narcisista può vantarsi del bambino per mostrare quanto sia migliore dell'altro genitore.
3. **Difficoltà con le critiche** : i narcisisti hanno difficoltà con le critiche costruttive e sono veloci a dare la colpa agli altri quando le cose vanno male nella vita dei loro figli, piuttosto che risolvere i problemi e lavorare sulle soluzioni. Ciò complica il compito già complesso della co-genitorialità.
4. **Perfezionismo ed errori** : i narcisisti sono perfezionisti e di solito non riescono a riconoscere i propri pensieri imperfetti. Nelle situazioni di divorzio, la scissione e il rivoltare i figli contro l'altro genitore sono comuni e possono spesso essere affrontati con interventi terapeutici. Tuttavia, quando la tattica dell'alienazione viene utilizzata da un genitore narcisista, diventa quasi impossibile separare l'illusione dalla realtà agli occhi del bambino.

Parte II: Stabilire dei confini con un co-genitore

Definire confini chiari e fermi
Stabilire confini chiari e fermi è il primo passo per una co-genitorialità efficace con un narcisista. Stabilire routine prevedibili è fondamentale. La persona con cui stai lavorando ha già esperienza nella gestione della relazione con i propri figli, quindi per evitare di pestare i piedi e causare pressioni inutili, è importante conoscere gli orari e le routine esistenti della famiglia. Crea un ambiente sicuro in cui il bambino possa sviluppare una routine nel tempo senza essere esposto a troppi cambiamenti. Partecipa ad attività divertenti con i tuoi figliastri che favoriscano buoni ricordi e coltivino una relazione nel tempo.

Quando la co-genitorialità con un narcisista non ha raggiunto uno stato di pace e accettazione, è inevitabile che si verifichino conflitti ripetuti. Per evitarlo, è necessario **stabilire dei limiti rigidi, fermi e non negoziabili** e rispettarli. Su forum come Chump Lady, troverai innumerevoli storie di persone che sono state bullizzate in discussioni apparentemente banali e pignole, da dove un bambino si sedeva su un aereo a quando il bambino veniva lasciato o ripreso. Tali conflitti sono progettati per causare ansia e frustrazione perché servono alle esigenze del narcisista.

Sviluppare confini e gestire il bisogno del narcisista di "discutere" di questi confini è essenziale per mantenere la pace. Come qualsiasi avvocato specializzato in diritto di famiglia ti dirà, **i confini e gli ordini chiari e inequivocabili** sono gli strumenti migliori. Accettare la realtà di chi è il tuo co-genitore e salire tu stesso sul ponte della pace è l'unico modo per creare un ambiente di co-genitorialità sicuro. Questo ponte di pace ti consente di concentrarti su te stesso e sui tuoi figli, proteggendoti dal caos e dall'imprevedibilità del co-genitore narcisista.

Applicare i confini in modo efficace
Una volta stabiliti i limiti, è fondamentale farli rispettare in modo efficace. Inizia etichettando i comportamenti indesiderati in modo rapido ed efficiente con un linguaggio diretto e onesto, offrendo dettagli minimi o nulli. Ad esempio, se il tuo partner si scatena in una furia verbale di due ore davanti ai bambini, suggerisci con calma una separazione con una dichiarazione come "Troverò un momento per calmarmi e ne parleremo in pubblico". Durante questa separazione, allontana i bambini dalla linea dei comportamenti tossici e manipolativi, usando il tempo per consolarli e sollevare il loro morale. Dopo che un limite è stato superato, comunica ai bambini che il comportamento era sbagliato, ma evita di discutere ulteriormente della situazione per rispetto.

Per far rispettare efficacemente i limiti è necessario avere una chiara comprensione di ciò che è ragionevole. Ad esempio, dopo un'udienza per l'affidamento, richiedere un riassunto delle prove presentate è un limite ragionevole. Tuttavia, richiedere ogni foto sgranata scattata dall'altro genitore per vedere se il bambino è apparso sullo sfondo non lo è. I limiti sono efficaci solo quando sono sia ragionevoli che applicabili.

Comunicare questi confini in modo efficace è anche fondamentale. Stabilire una piattaforma di comunicazione a basso conflitto e rispettarla è essenziale. Quando comunichi un confine, decidi se inviare un messaggio una tantum o utilizzare una risposta standard per problemi in corso. Un messaggio una tantum comunica una decisione specifica, come "È il mio turno di raccontare una storia prima di andare a letto. D'ora in poi, per favore lascia il suo Kindle o qualsiasi altro dispositivo elettronico nella tua stanza quando sarà il mio turno". Questo stabilisce un momento chiaro per la pausa tecnologica del bambino.

Una risposta standard potrebbe essere questa: "Capisco che devi mettere a letto il bambino la quarta domenica di ottobre. Mi aspetto il mio tempo di recupero in base all'ordine del tribunale". Questo informa l'altro genitore di un limite che verrà applicato in modo coerente.

Se è stata utilizzata una strategia di comunicazione efficace e poco conflittuale e il confine viene comunque oltrepassato, è il momento di rivalutare e imporre le conseguenze necessarie.

Parte III: Coltivare la pace e la stabilità nella

Strategie per la gestione dei conflitti

Pace e stabilità sono essenziali per crescere bambini sani. Tuttavia, questi termini possono essere soggettivi, con significati diversi per persone diverse. Ai fini di questa guida, pace e stabilità si riferiscono al tentativo di limitare, minimizzare o gestire in modo produttivo un conflitto palese attraverso la neutralizzazione, che può fungere da fattore protettivo sia per i co-genitori che per i loro figli. Stili di co-genitorialità conciliatori e positivi sono associati a livelli più elevati di sicurezza nei bambini. Per neutralizzazione, intendiamo gli sforzi dei professionisti per fermare o almeno interrompere gravi conflitti e/o violenze interparentali. In molti casi, i co-genitori possono concordare su sforzi di neutralizzazione per ridurre alti livelli di tensione durante i ritiri o le consegne. Sebbene questo sia un passo nella giusta direzione, è comunque una misura reattiva che consuma prezioso tempo di indagine. Sono troppo pochi i co-genitori incoraggiati ad adottare misure proattive per impedire che la neutralizzazione diventi mai necessaria.

Le sezioni seguenti offrono raccomandazioni e strategie di alto livello per neutralizzare attivamente i conflitti e facilitare relazioni più pacifiche e armoniose. Queste strategie supportano la convinzione che un buon rapporto di lavoro sia il fondamento per una co-genitorialità efficace. L'attenzione è rivolta a vari aspetti di qualsiasi relazione di co-genitorialità che gli individui possono coltivare per iniziare a trovare un equilibrio tra loro. Questa sezione inizia con una valutazione dell'efficacia dei servizi di consulenza e istruzione genitoriale nella gestione dei conflitti tra più genitori. Fornisce quindi consigli pratici per coinvolgere potenziali o nuovi partner in modi che migliorino lo spirito di squadra scoraggiando al contempo potenziali conflitti. La sezione si conclude con consigli per gestire adattamenti difficili come disoccupazione, senzatetto o ordini del tribunale/mantenimento dei figli.

Attirare una comunità solidale

Anche se la co-genitorialità con un narcisista sembra impossibile, avere una comunità di supporto può essere inestimabile. Porta con te i numeri di telefono dei tuoi amici e familiari di supporto nel caso in cui avessi bisogno di supporto di emergenza. La tua comunità può fornire supporto emotivo e assistenza pratica quando le cose si mettono male.

Utilizzare la tecnica della roccia grigia

La **Gray Rock Technique** è progettata per aiutarti a staccarti dal narcisista quando usa tattiche abusive. Diventando indifferente e disinteressato, essenzialmente una "gray rock", privi il narcisista della reazione emotiva che cerca. Questa tecnica ti aiuta a evitare di essere una fonte di rifornimento narcisistico, riducendo così il suo controllo su di te.

Pianifica i workshop

Finché non saranno in vigore gli ordini del tribunale, crea i tuoi programmi per la logistica, come il trasporto, i contatti e altre attività correlate alla separazione. Questi programmi possono far parte di un processo PARR (Parenting Agreement Review and Recommendations), che potrebbe essere necessario una volta che vai in tribunale. Nel frattempo, comunica la tua disponibilità per programmare le discussioni. Questi workshop possono essere condotti tramite app di messaggistica o e-mail, ma assicurati che rimangano contenuti e mirati.

Rispondere alla tensione

Nessuno ha il diritto di trattarti male, ma i narcisisti spesso reagiscono in modo difensivo, percependo attacchi dove non ce ne sono . Questa tensione è dannosa per i bambini. Quando un narcisista usa comportamenti adattivi al conflitto come intimidazione verbale, sarcasmo beffardo, minacce o aggressività, prova a usare **un tono che rifletta** nelle tue risposte. Cambia il messaggio, la confezione, il linguaggio o l'angolazione emotiva della tua risposta per affrontare la situazione indirettamente o metaforicamente. Ad esempio, se il narcisista invia una foto delle chiavi della macchina con un commento sarcastico come "Quando hai voluto usarle di nuovo?", potresti rispondere con il giorno e l'ora della visita del bambino e concludere con "Ci vediamo domenica!" Questo stempera la situazione senza entrare nel conflitto previsto.

Promuovere la comunicazione positiva

Al centro di una co-genitorialità efficace c'è **la comunicazione positiva** . Ciò significa adottare uno stile di comunicazione verbale che non svergogni o minimizzi, ma che invece dica la verità sulla tua esperienza di separazione o di genitorialità parallela con un narcisista. Incanala la negatività nell'esplorazione di modi per disimpegnarti ulteriormente o rafforzare i confini, assicurandoti di rimanere il genitore corretto indipendentemente dai tentativi del narcisista di distorcere la verità.

Caratteristiche della comunicazione positiva

La genitorialità parallela con un narcisista implica evitare discussioni dirette sul benessere dei bambini, non tentare di annullare la programmazione dell'altro genitore, prevenire la triangolazione e scambiare le informazioni necessarie senza addentrarsi in fatti o convinzioni soggettive. Uno degli aspetti più importanti della tua " parentectomia " è gestire le reazioni di stress in modo positivo. Porre fine alla co-genitorialità con un narcisista può essere impantanato nella negatività, ma mantenere la genitorialità parallela consente potenziali connessioni e scambi in seguito , soprattutto in situazioni gravi, senza ulteriore tensione. Raggiungere la genitorialità parallela è essenziale per proteggere tuo figlio e te stesso da abusi che distruggono l'autostima, creano insicurezze profonde e sostituiscono la pace con una vita di tensione.

Parte IV: Concentrarsi sull'educazione di bambini

I genitori spesso si rivolgono a me come terapeuta quando sentono che gli effetti emotivi della co-genitorialità con un narcisista stanno avendo un impatto sui loro figli. Questo è un argomento cruciale da affrontare. Una volta che abbiamo rimesso in sesto i nostri sistemi e le nostre reazioni ai modi manipolativi del narcisista, dobbiamo aiutare i nostri figli. Per molti versi, questa è la parte più integrante del processo di recupero. I bambini non dovrebbero mai essere la stampella o il principale motivatore per fare scelte sane riguardo a un narcisista; dovresti esserlo tu. Tuttavia, una volta che sei in un posto più sano, dare priorità al benessere emotivo e psicologico dei tuoi figli è essenziale.

In questa sezione di *Navigating Co-Parenting with a Narcissist: A Therapeutic Guide for Creating Peace, Building Resilience, and Raising Secure Kids* , parleremo dell'impatto della co-genitorialità con un narcisista sui bambini, inclusi alcuni dei problemi di fondo che crea e come li influenza negativamente. Avremo quindi una conversazione più solidale e stimolante sulla costruzione della resilienza e sulla promozione di una forte e sana autostima nei bambini. Esploreremo i modi per adottare un approccio di "prevenzione" per aiutare a proteggere i tuoi figli da alcuni aspetti dannosi della co-genitorialità con un narcisista. Inoltre, parleremo di aree di potenziamento per i tuoi figli, inquadrando la loro esperienza e rendendoli parte della soluzione.

Comprendere l'impatto della co-genitorialità con un narcisista sui bambini

Ogni comunicazione sul bambino sembra essere un'opportunità per il genitore narcisista di sottolineare che genitore terribile sei. I tuoi figli guardano e ascoltano mentre metà dei loro tutori diminuisce in influenza ed esperienza. Il senso di famiglia, amore e relazioni stabili di tuo figlio viene interrotto da ripetute comparse in tribunale e dal possibile coinvolgimento dei CPS nella sua vita. Un bambino cresciuto in questa dinamica si abitua ad avere un tutore che è un nemico e può sentire che l'altro tutore non lo ha mai veramente amato, vedendo quanto facilmente partecipa a dinamiche di dominio.

Gli individui narcisisti spesso non hanno la minima idea di cosa un bambino abbia realmente bisogno perché non riescono a vedere oltre i limiti del loro bambino interiore emotivo. Alcuni possono persino usare il loro bambino per darti un pugno metaforicamente nello stomaco. Questo può essere sottile come non dire qualcosa al bambino per paura di non apparire grandioso o grande, o dire apertamente al bambino qualcosa di dispregiativo su di te. La maggior parte dei figli di narcisisti divorziati soffre per una "falsa famiglia" perché si aggrappa all'immagine ideale di ciò che dovrebbe essere. Durante quel dolore, è comune dare la colpa a un genitore piuttosto che all'altro, a testimonianza dell'amore spinto che hanno per una famiglia che non esiste.

Uno studio su 211 studenti universitari statunitensi ha scoperto che l'impatto della perdita dei genitori dovuta al divorzio raddoppia quando un genitore ha tratti narcisistici. Ciò continua nella vita adulta, manifestandosi come problemi di dipendenza ipersviluppati con alcol, droghe, denaro, sesso e romanticismo per riempire il vuoto lasciato dalla perdita. Potrebbe sembrare che un matrimonio intatto tra due narcisisti sia meglio per il bambino di un divorzio dei genitori. Tuttavia, con i dati giusti, si può razionalizzare un mondo di qualsiasi verità.

Costruire resilienza e autostima nei bambini
È fondamentale concentrarsi sul benessere dei propri figli.

La maggior parte delle persone narcisiste vive una vita in cui cerca costantemente di dimostrare il proprio valore. Questa dinamica influenza le impostazioni interne di tuo figlio quando vi è esposto. Non puoi cambiare il narcisista, ma puoi intervenire precocemente con i tuoi figli per sviluppare forza e resistenza. La resilienza è la capacità di riprendersi dalle avversità. Ansia e disagio sono emozioni e motivatori naturali nella vita. Sottolinea "il problema" in termini di carattere e forza. Sei un grande modello di ruolo e i tuoi figli riflettono la tua forza e perseveranza.

I bambini che prosperano sono quelli che capiscono la benedizione del dare. I primi ricercatori hanno scoperto che i bambini con bassa autostima ricevevano un incoraggiamento minimo dagli adulti nella loro vita o dai loro coetanei e fratelli. Di conseguenza, la ricerca su 2.000 studenti delle scuole medie ha dimostrato che l'incoraggiamento gioca un ruolo significativo nel loro sviluppo. Questi sono i bambini che prosperano davvero. Il nucleo del loro gruppo di pari non ruota attorno alla necessità di essere positivi. Il loro nucleo è quello che è: sono oltre la necessità di essere positivi. Costruire un forte sistema di credenze nei tuoi figli ed essere coerenti è fondamentale.

Non ho mai pensato di parlare per le masse, ma piuttosto per un singolo bambino con questa serie di lotte. Credo che il cambiamento sia possibile per tutte le famiglie, specialmente per le famiglie divorziate. Un bambino non è il divorzio, e una famiglia è sempre una famiglia, indipendentemente dalla sua spinta verso la libertà e la salute. Il tuo bambino starà sul terreno che tu riempi di orgoglio, amore e sicurezza, e il resto cadrà nel dimenticatoio.

Conclusione

Eccoci alla fine di un altro lungo viaggio di co-genitorialità con un narcisista. Che tu sia all'inizio del tuo percorso o un veterano di lunga data della lotta, spero che questa guida ti abbia fornito un po' di conforto e valore. Aggiungila ai preferiti e torna a trovarci tutte le volte che ne hai bisogno. L'ho scritta per te perché sei stata tu a ispirarla. In questo mondo, i nostri confini sono duramente guadagnati, il nostro lavoro è un atto di manutenzione preventiva e la nostra ricompensa è la pace. I tuoi figli imparano che anche quando i tuoi confini vengono oltrepassati, sei forte, indulgente e flessibile quando necessario. Imparano che a volte va bene lasciar andare perché non tutto è importante, ma lo sono la pace e lo stato dei nostri cuori e delle nostre menti. In definitiva, sono loro a trarne beneficio. Puoi sradicare e ripiantare in qualsiasi campo il viaggio della tua famiglia ti porti.

 Alcuni di noi sono guariti nonostante, e non a causa del narcisista . Alcuni di noi hanno sofferto nonostante il peso aggiunto del loro spettacolare disturbo. Alcuni hanno avuto il piacere di lavorare attraverso questa stagione estenuante delle nostre vite. L'obiettivo di questa guida è di aiutarci a diventare gli individui sani, consapevoli e resilienti che ho incontrato lungo questo viaggio. Questa riformulazione riguarda la grazia, la crescita e i bambini che cresciamo. Spero che aiuterete i vostri figli praticando la connessione mente-cuore descritta, andando avanti e indietro perché avete un lavoro prezioso da fare. È tempo di portare loro un te ancora più presente, connesso e potente. ~ Con amore, Rebecca

 Pace (salaam), sorelle mie. Anche solo per un po', pace e benedizioni a tutte le vostre case. Per mettere in pratica la premessa di questa guida sono necessari tre elementi chiave per contrastare gli effetti della co-genitorialità con un narcisista: confini, pace e crescere bambini sicuri.

Riflessioni sul viaggio della co-genitorialità con un narcisista

Ero solo al secondo articolo di una serie di partnership per Psychology Today quando la mia attenzione si è rivolta completamente a un progetto in particolare . Mentre fissavo la finestra, riflettendo sulle esperienze e le conoscenze che volevo condividere, mi è venuto in mente solo un argomento: Gestire la co-genitorialità con un narcisista. Questo la dice lunga! Ora, sedici articoli dopo, è un momento riflessivo e toccante tornare indietro e riflettere su questo viaggio di saggio in sei parti. Non c'è niente di meglio della co-genitorialità con un "vero narcisista". Mentre il termine viene sbandierato con frivolezza nel gergo moderno, la maggior parte delle persone non condivide il "legame" post-matrimoniale che i sopravvissuti a questo disturbo sviluppano. Mentre ho cercato di mettermi nei panni di coloro che cercano amorevolmente su Google: co-genitorialità NPD e segreti per kumbaya, l'idealizzazione della "comunità" NPD e le asserzioni genitoriali sdolcinate non si applicano al contesto dell'NPD reale.

I pilastri dominanti di questa serie di saggi riflettono strategie adattive per professionisti come psicologi, terapisti e coach genitoriali, esperti di famiglie, matrimonio, divorzio e co-genitorialità. Montserrat Gas, Ph.D., ha concluso la serie scrivendo la quinta parte. I punti chiave professionali riassumono bene il lavoro che abbiamo trattato finora. Se hai o hai avuto un ex e dei figli con NPD, probabilmente hai tirato un sospiro e hai riso di "adattare i tuoi obiettivi di co-genitorialità" e "scegliere le tue battaglie". La dott.ssa Fine non prende parte alle "gioie della co-genitorialità, della genitorialità one-up o del rendere la vita dell'altro miserabile". Piuttosto, le mie parole sono per i genitori. La conclusione generale? Ognuno di noi può e dovrebbe cercare dentro di sé, curare le cicatrici di una relazione con un narcisista.

Chiedersi se la co-genitorialità con un narcisista sia stata una cosa buona o cattiva è una domanda inutile. Guardando il modo in cui il mio ex NPD si è comportato male, a volte ho la sensazione di non aver mai fatto progressi. Ma il quadro generale rivela che i progressi non sono sempre giusti da misurare in termini semplici. La crescita deriva da innumerevoli momenti di punizione, a volte stupidi, come mettere il mio ex NPD in chiamata anticipata per eventi importanti (così non sembro sorpresa quando si presentano alla mia porta in lacrime, o quando qualcuno viene a fare le procedure di pignoramento). Questo viaggio mi ha persino aiutato a fare lentamente amicizia e a capire attraverso le prospettive della terapia freudiana e cognitivo-comportamentale, collegandolo a film ninja e film come "The Matrix".

www.ingramcontent.com/pod-product-compliance
Lightning Source LLC
LaVergne TN
LVHW092103060526
838201LV00047B/1556